Eisenbahnmythos Rheintal

Nach Eröffnung der ICE-Neubaustrecke Köln – Frankfurt im August 2002 verblieben linksrheinisch lediglich einige ausgesuchte IC- und EC-Verbindungen. Die Abbildung zeigt 101 064 am 26. Juni 2003 vor dem IC 119 in Bacharach.
Foto: Jörg Hajt

Jörg Hajt

Eisenbahnmythos
Rheintal

HEEL

HEEL Verlag GmbH
Gut Pottscheidt
53639 Königswinter
Telefon 0 22 23 / 92 30-0
Telefax 0 22 23 / 92 30 26
Mail: info@heel-verlag.de
Internet: www.heel-verlag.de

Verantwortlich für den Inhalt: Jörg Hajt

Titelbild: Jörg Hajt
Fotos: Jörg Hajt, Johannes Hajt, Michael Hubrich,
Berthold Vatteroth, Benedikt Vatteroth
Lektorat: Joachim Hack, Bad Honnef
Satz: Collibri PrePress, Königswinter
Lithografie: Collibri PrePress, Königswinter, Petra Hammermann
Gesamtherstellung: Koelblin-Fortuna-Druck, Baden-Baden

Printed in Germany

ISBN: 3-89880-238-8

Inhalt

Während die linke Rheinstrecke vornehmlich dem Reisezugverkehr dient, wird der Betriebsablauf auf der rechten Rheinstrecke von einem äußerst regen Güterverkehr bestimmt. Dennoch stehen gerade hier Eisenbahn und Schifffahrt in direkter Konkurrenz.
Foto: Jörg Hajt

Vorwort

Seit jeher bildet die Rheinschiene ein wichtiges Bindeglied zwischen Süddeutschland und dem Rhein-/Ruhrgebiet. Während die Bedeutung der rechten Rheinstrecke von Köln nach Wiesbaden vorrangig im Güterverkehr besteht, ist die linke Rheinstrecke Köln – Mainz längst zum Inbegriff für luxuriöses und romantisches Reisen geworden. Wohl kaum eine andere Eisenbahnverbindung kann auf ein ähnlich prestigeträchtiges Zugangebot zurückblicken wie die sagenumwobene Nord-Süd-Magistrale, so dass nicht nur die atemberaubende Landschaft für den Eisenbahnmythos Rheintal sorgte, sondern auch so namhafte Züge wie Rheingold, Lufthansa-Airport-Express oder der ICE. Während der Güterverkehr auf der rechten Rheinstrecke in den letzten Jahren nahezu konstant blieb, führte die Eröffnung der ICE-Hochgeschwindigkeitsstrecke Köln – Frankfurt/Main auf der linken Rheinstrecke zu einem deutlich eingeschränkten Zugangebot, weshalb bereits die Verlagerung des Gesamtverkehrs auf nur noch eine Rheinseite diskutiert wird.

Die Absicht des vorliegenden Buches ist es, neben einem kompakten historischen Abriss, einen repräsentativen Überblick über das Betriebsgeschehen der letzten zwanzig Jahre rechts und links des Rheins zu vermitteln, die wie kaum eine Epoche zuvor von Modernisierung und Strukturwandel geprägt war. Der Dank des Autors gilt an dieser Stelle Michael Hubrich und Berthold Vatteroth für ihre freundliche Unterstützung.

Wattenscheid, im Juli 2003

Jörg Hajt

Das Fernschnellzugpaar FFD 101/102 „Rheingold" galt in den zwanziger und dreißiger Jahren als Inbegriff für schnelles und luxuriöses Reisen. Im Frühjahr 1934 rollt 18 533 mit dem FFD 102 bei Namedy durch das blühende Rheintal. ***Foto: Bellingrodt/Sammlung Hubrich***

Die Rheintalbahnen im Wandel der Zeit

Vom Eisernen Rhein zur linken Rheinstrecke

Die Entstehung der ersten Eisenbahnstrecke durch das Rheintal geht auf eine Initiative rheinischer Unternehmer aus dem Jahr 1844 zurück, die sich von einer Bahnlinie nach Süddeutschland einen freizügigeren Austausch ihrer Waren und Rohstoffe versprachen. Bereits elf Jahre zuvor hatte sich in Köln ein Komitee zum Bau einer Eisenbahnstrecke von Köln nach Belgien formiert, die zum Motor für den wirtschaftlichen Aufschwung der Domstadt werden sollte. Durch die französische Kontinentalblockade hatte Köln seine Funktion als zweitwichtigster preußischer Handelsplatz weitgehend verloren, weshalb ein direkter Zugang zur Nordsee für die weitere Entwicklung des Rheinlandes überlebenswichtig war.

Nachdem sich Belgien 1830 von der niederländischen Krone gelöst hatte, war auch die belgische Regierung bestrebt, den jungen Staat möglichst schnell mit einem durchgehenden Schienennetz zu durchziehen, um der arg gebeutelten Wirtschaft auf die Beine zu helfen. So wurde neben der Strecke Brüssel – Mechelen auch eine Verbindung zwischen dem Nordseehafen Antwerpen und dem Lütticher Industrierevier ins Auge gefasst, woran die 1835 aus dem Kölner Eisenbahn-Komitee hervorgegangene „Rheinische Eisenbahn-Gesellschaft“ ihre Strecke anschließen wollte. Während der staatliche Eisenbahnbau in Belgien mit großen Schritten voranging, sorgte jedoch auf preußischer Seite ein Streit um die endgültige Linienführung für erhebliche Verzögerungen. Da die Kölner aus Kostengründen eine direkte Verbindung unter Umgehung der Städte Düren und Aachen über Eupen favorisierten, verweigerte Preußen der Rheinischen Eisenbahn-Gesellschaft auf Betreiben des einflussreichen Aachener Unternehmers David Hansemann die erforderliche Genehmigung. Erst als die Bahngesellschaft einer Linienführung von Köln über Düren und Aachen nach Herbesthal an der belgischen Grenze zustimmte, erfolgte am 21. August 1837 die landesherrliche Konzession „zum Bau und Betrieb einer für den Lokomotivbetrieb einzurichtenden Eisenbahn von Cöln zur preußisch-belgischen Staatsgrenze bei Aachen“.

Die 85 km lange Strecke von Köln nach Herbesthal wurde in vier Bauabschnitten fertig gestellt:

2. August 1839: Köln – Müngersdorf
2. Juli 1840: Müngersdorf – Lövenich
6. September 1841: Lövenich – Aachen
15. Oktober 1843: Aachen – Herbesthal

Mit Eröffnung des letzten Streckenabschnitts war zugleich der grenzüberschreitende Eisenbahnverkehr in Europa geboren. Trotz der nicht unerheblichen Verzögerung brachte die als „Eiserner Rhein“ bezeichnete Schienenverbindung schnell den gewünschten Erfolg, so dass sich Köln wieder zu seiner alten Bedeutung aufschwingen konnte. Durch den Bau weiterer Strecken nach Bonn (1844), Düsseldorf (1845), Minden (1847) und Krefeld (1856) entwickelte sich die Rheinmetropole schon bald zum wichtigsten Eisenbahnknotenpunkt Westdeutschlands, dem allerdings eine direkte Verbindung in den Süden fehlte. Dies rief Vertreter der Städte Aachen, Köln, Bonn und Koblenz auf den Plan, die am 15. Februar 1844 eröffnete Bonn-Cölner Eisenbahn bis Koblenz zu verlängern und zur Kapitalbeschaffung eine Aktiengesellschaft ins Leben zu rufen. Die Resonanz aus Industrie und Bürgerschaft übertraf sämtliche Erwartungen, so dass bis zum Stichtag 4. April 1844 Aktien im Wert von 19.045.700 Thaler gezeichnet waren.

Leider hatten die Aktionäre ihre Rechnung ohne die preußische Regierung gemacht, die eine Streckenführung durch das Rheintal kategorisch ablehnte. Neben strategischen Bedenken führte das Ministerium für Öffentliche Arbeiten vor allem den fehlenden Nachweis über die Machbarkeit eines derart aufwendigen Bauvorhabens an, als dessen Hauptproblem der sichere Schutz der Bahntrasse vor Hochwasser und Hangrutschen gesehen wurde. Ferner hatte Preußen bereits anderweitige Zusagen zum Bau einer Nord-Süd-Verbindung durch den Westerwald gemacht, weshalb eine konkurrierende Strecke durch das Rheintal wenig sinnvoll erschien.

Da Köln auch von einer Streckenführung abseits des Flusslaufs profitiert hätte, schied es nach Bekanntwerden des Westerwald-Projekts aus dem Kreis der Rheintal-Aktivisten aus und überließ den Bonner und Koblenzer Stadtvätern den Komiteevorsitz. Diese wiesen mit Nachdruck auf die Notwendigkeit einer preußischen Rheintalbahn hin, zumal Pläne bekannt wurden, wonach das Herzogtum Nassau den Bau einer rechten Rheinstrecke von Wiesbaden über Rüdesheim nach Oberlahnstein beabsichtigte. Hierdurch wäre das linksrheinische Koblenz wirtschaftlich derart stark isoliert worden, dass nicht wenige Unternehmen um ihre Existenz fürchteten.

Ungeachtet dieser möglichen Gefahren favorisierte Preußen weiterhin eine Strecke durch den Westerwald, für die zwei Alternativrouten zur Auswahl standen: Neben einer Linienführung von Deutz über Limburg nach Wiesbaden, wurden der Strecke Deutz – Betzdorf – Gießen (mit einer Stichbahn nach Siegen) die größten Chancen eingeräumt. Weil beide Strecken auch nassauisches Staatsgebiet berührt hätten, setzte allerdings schon bald ein Sinneswandel zu Gunsten der Rheintallösung ein. Als treibende Kraft erwies sich dabei auch die 1845 in Mainz gegründete Hessische Ludwigs-Eisenbahn-Gesellschaft, die eine Weiterführung über Bingen und Mainz nach Darmstadt bzw. Aschaffenburg plante. Aufgrund der politisch ungünstigen Lage unterblieb jedoch eine verbindliche Zusage Preußens, so dass die Hessen zunächst den Bau des südlichen Streckenabschnitts Mainz – Worms – Ludwigshafen (mit Anschluss an die Pfälzische Ludwigsbahn) in Angriff nahmen.

Nachdem das Herzogtum Nassau 1853 die rechte Rheinstrecke von Wiesbaden über Rüdesheim nach Oberlahnstein konzessioniert hatte, geriet auch die preußische Regierung allmählich unter Zugzwang. Da Koblenz eine wichtige Rolle in den Verteidigungsplänen des preußischen Millitärs spielte, konnte und wollte man sich eine wirtschaftliche Ausgrenzung der Zweistromstadt nicht leisten. Als erster Schritt wurde der Bonn-Cölner Eisenbahn-Gesellschaft am 4. August 1854 die Verlängerung ihrer Bahnlinie bis Rolandseck genehmigt, so dass diese bereits am 21. Januar 1856 für den Personen- und Güterverkehr eröffnet werden konnte. Am 5. März des selben Jahres erfolgte schließlich die Konzession zum Bau der durchgehenden Rheintalbahn von Rolandseck über Koblenz nach Bingerbrück an die Rheinische Eisenbahn-Gesellschaft.

Bereits zwei Monate zuvor hatte auch der Großherzog von Hessen der Hessischen Ludwigs-Eisenbahn-Gesellschaft die Genehmigung zum Bau und Betrieb der 30,5 km langen Weiterführung von Bingen nach Mainz erteilt. Für einen durchgehenden Zugbetrieb bis Köln übernahm die Rheinische Eisenbahn-Gesellschaft am 1. Januar 1857 die finanziell angeschlagene Bonn-Cölner Eisenbahn-Gesellschaft, womit dem Großprojekt Rheintalbahn nichts mehr im Wege stand. Die anfängliche finanzielle Schieflage der Rheinischen Eisenbahn-Gesellschaft war längst einem stattlichen Gewinn gewichen, wodurch sie sich zu einer der einflussreichsten Bahngesellschaften in Preußen hocharbeiten konnte. Aufgrund ihrer dichten Kapitaldecke erreichte sie sogar die Zusage der preußischen Regierung, bis 1875 keine andere Bahngesellschaft mit dem Bau und Betrieb einer möglichen rechtsrheinischen Bahnverbindung von Deutz nach Oberlahnstein zu beauftragen.

Bis September 1857 waren die Vermessungsarbeiten soweit abgeschlossen, dass mit den Bauarbeiten zwischen Rolandseck und Koblenz begonnen werden konnte. Im Frühjahr 1858 rückten die Baukolonnen auch zwischen Koblenz und Bingerbrück an. Während die Geländeanpassungen bis zur Moselmündung vergleichsweise gering ausfielen, machte die bergige Topografie zwischen Koblenz und Bacharach drei Tunnels (Banktunnel 367 m, Bettunnel 236 m, Kammerecktunnel 289 m) erforderlich. Zudem musste die Trasse vielerorts in den Fels hineingesprengt und zwischen St. Goar und Niederheimbach sogar ganze Weinberge abgetragen werden. Dennoch gingen die Arbeiten zügig voran, so dass bereits am 21. Januar 1858 das erste Teilstück zwischen Rolandseck und Remagen für den öffentlichen Verkehr freigegeben werden konnte. Am 15. August 1858 folgte der Abschnitt Remagen – Weißenthurm, bevor schließlich am 11. November des selben Jahres der erste durchgehende Zug zwischen Köln und Koblenz verkehrte.

Die Fertigstellung des weiter südlich gelegenen Streckenabschnitts war zu diesem Zeitpunkt bereits ebenfalls weit fortgeschritten, was auch für die Weiterführung der Hessischen Ludwigs-Eisenbahn von Bingen nach Mainz galt, die am 17. Oktober 1859 für den Güterverkehr und am 27. Dezember 1859 für den Personenverkehr eröffnet werden konnte. Die Rheinische Eisenbahn-Gesellschaft übergab ihr letztes Teilstück am 15. Dezember 1859 seiner Bestimmung. Der Lückenschluss über die Nahe zwischen Bingen und Bingerbrück erfolgte auf gemeinsame Rechnung durch die Hessische Ludwigs-Eisenbahn-Gesellschaft und wurde im preußisch-hessischen Staatsvertrag vom 10. Mai 1859 geregelt.

Am Tag der durchgehenden Inbetriebnahme der linken Rheinstrecke herrschte auf dem Rhein starker Eisgang, so dass der Schiffsverkehr völlig zum Erliegen kam. Dies war die Stunde der Eisenbahn, allen Kritikern die Notwendigkeit eines von Eisgang, Nebel und Wasserpegel unabhängigen Transportmittels durch das Rheintal vor Augen zu führen. Da nicht wenige Spediteure durch die Einschränkungen der Binnenschifffahrt einem hohen wirtschaftlichen Risiko ausgesetzt waren, wandten sie sich nun verstärkt dem neuen Schienenweg zu, wodurch der Güterverkehr stetig expandierte.

Ein weiterer wichtiger Schritt für die betriebliche Aufwertung der Rheintalbahn war zudem der Bau der ersten Dombrücke zwischen Köln und Deutz, welche die linke Rheinstrecke mit dem aufstrebenden Großraum Rhein/Ruhr verband. Die 1911 durch die Hohenzollernbrücke ersetzte Rheinüberquerung entstand im Zuge der 1862 eröffneten Deutz-Gießener Eisenbahn, die als erste preußische Strecke in Dillenburg nassauisches Hoheitsgebiet durchquerte. Als Gegenleistung musste Preußen der Herzoglich Nassauischen Staats-Eisenbahn den Anschluss ihrer 1862 eröffneten rechtsrheinischen

Rheintalbahn an die linke Rheinstrecke in Koblenz zusichern, wofür noch im selben Jahr mit dem Bau der Pfaffendorfer Rheinbrücke zwischen Koblenz und Oberlahnstein begonnen wurde. Die Einweihung der mit zwei 10 m hohen Wehrtürmen befestigten schmiedeeisernen Bogenkonstruktion erfolgte am 9. Mai 1864; die Aufnahme des Planbetriebes am 3. Juni 1864.

Neben den Zügen der rechten Rheinstrecke, überquerten bald auch die Züge der Lahntalbahn Wetzlar – Oberlahnstein den Rhein, wovon die linksrheinische Strecke in besonderem Maße profitierte. Dem steigenden Verkehrsaufkommen musste bereits Ende der 1860er-Jahre mit dem zweigleisigen Ausbau der Strecke Rechnung getragen werden, doch reichte auch diese Maßnahme schon bald nicht mehr aus, um in Spitzenzeiten einen reibungslosen Betriebsablauf garantieren zu können. Aus diesem Grund forderten Vertreter von Industrie und Handel schon bald eine Weiterführung der rechten Rheinstrecke bis Troisdorf, wo eine Anschlussmöglichkeit an die neue Deutz-Gießener Eisenbahn bestand. Leider machte die Kleinstaaterei eine schnelle Verständigung unmöglich, so dass die Weiterführung ähnlich schleppend verlief, wie der Bau des nassauischen Streckenabschnitts zehn Jahre zuvor.

Die Entstehung der rechten Rheinstrecke

Nachdem bereits um 1850 eine durchgehende Linienführung der rechten Rheintalbahn von Wiesbaden nach Deutz am Veto der preußischen Regierung gescheitert war, erteilte das Herzogtum Nassau der Wiesbadener Eisenbahn-Gesellschaft am 23. Juni 1853 die Genehmigung zum Bau und Betrieb einer Bahnstrecke von Wiesbaden über Rüdesheim nach Oberlahnstein. Die Befürworter der nassauischen Rheinstrecke waren nämlich davon überzeugt, dass sich Preußen mit fortschreitender Bautätigkeit doch noch für eine Weiterführung nach Norden aussprechen würde. Leider hatten sie ihren großen Nachbarn falsch eingeschätzt, der nach wie vor mehr Interesse an der bereits erwähnten Deutz-Gießener Eisenbahn zeigte, als an einer Strecke durch das Rheintal. Zudem war die Lobby des linksrheinischen Förderkreises ungleich größer, so dass an ein Entgegenkommen Preußens nicht zu denken war. Bereits 1844 hatten Kölner Kaufleute den Bau einer rechten Rheinstrecke durch den Rheingau nach Wiesbaden angeregt, der jedoch von der preußischen Regierung mit dem Hinweis auf die fehlende Wirtschaftlichkeit vom Tisch gefegt wurde. 1852 war es schließlich ein Konzessionsgesuch des Neuwieder Eisenbahn-Komitees, das in Berlin auf taube Ohren stieß.

Ungeachtet dieser ungünstigen Vorzeichen hielt Nassau an der Verwirklichung einer durchgehenden rechten Rheinstrecke fest. Am 11. August 1856 wurde als erstes Teilstück der Abschnitt Wiesbaden – Rüdesheim in Betrieb genommen, der allerdings weniger der Wirtschaft nützte, als vielmehr den zaghaft aufkommenden Tourimus in die „Drosselgassen-Stadt“ brachte. Obwohl die neue Verbindung als „Meisterleistung der nassauischen Ingenieurskunst“ gefeiert wurde, stand den Planern der schwierigste Streckenabschnitt noch bevor: So bereitete vor allem die Umfahrung des Loreley-Massivs großes Kopfzerbrechen, weshalb sich die Ingenieure für zwei technisch aufwendige Tunneldurchstiche entschieden. Außerdem machte die Trassenführung durch die weltberühmte Rheinschleife umfangreiche Dammaufschüttungen erforderlich, wodurch sich die veranschlagten Baukosten von 5,5 Mio. auf über 6,2 Mio. Gulden erhöhten. Da sich der Mehrbetrag nur durch einen regen Zugverkehr nach Preußen amortisieren konnte, wurden die Arbeiten schießlich auf unbestimmte Zeit eingestellt. Der bereits eröffnete Streckenabschnitt Wiesbaden – Rüdesheim verkam damit zu einem bedeutungslosen Torso, der letztlich zum Konkurs der wirtschaftlich angeschlagenen Wiesbadener Eisenbahn-Gesellschaft führte.

Ihre Rechtsnachfolge trat die neu gegründete "Nassauische Rhein- und Lahn-Eisenbahn-Gesellschaft“ an, die fortan für Bau und Betrieb der Strecken durch das Rhein- und Lahntal verantwortlich zeichnete. Am 31. März 1857 erteilte Nassau der neuen Bahngesellschaft die Konzession zum Bau der seit 1851 projektierten Lahntalbahn Oberlahnstein – Wetzlar, deren erstes Teilstück Oberlahnstein – Bad Ems am 1. Juli 1858 in Betrieb genommen wurde. Die Weiterführung der Strecke bis Wetzlar scheiterte jedoch wiederum an der schwachen Kapitaldecke des ausführenden Bahnunternehmens, so dass sich das Herzogtum genötigt sah, die Arbeiten auf Staatskosten weiterzuführen. Durch den zwischenzeitlich beschlossenen Bau der linken Rheintalbahn sowie der Strecke Deutz – Gießen, erschien dieser Schritt durchaus Erfolg versprechend, zumal Nassau der preußischen Regierung die bereits erwähnte Zusage für eine Brückenverbindung zwischen Oberlahnstein und Koblenz abgerungen hatte.

Obwohl die Nassauische Rhein- und Lahn-Eisenbahn-Gesellschaft offiziell erst zum 13. Juni 1860 in das Eigentum des Herzogtums überging, liefen die Bauarbeiten bereits 1859 wieder an. Ein Jahr später konnte der 378 m lange Rosssteintunnel fertig gestellt werden; 1861 folgte der Loreleytunnel. Am 22. Februar 1862 dampfte schließlich der Eröffnungszug von Rüdesheim nach Oberlahnstein, womit ein über 20-jähriger Traum des kleinen Herzogtums Wirklichkeit wurde. 1863 war auch die Lahntalbahn zwischen Oberlahnstein und Wetzlar durchgehend befahrbar (mit Anschluss an die Deutz-Gießener und Main-Weser Bahn), so dass sich die Strecken der Herzoglich Nassauischen Staats-Eisenbahn allmählich zu einem zusammenhängenden Netz verdichteten.

Was jetzt noch fehlte, war eine direkte Anbindung an

das Rhein-/Ruhrgebiet, weshalb man die Pläne zur Verlängerung der rechten Rheinstrecke erneut aus der Schublade holte. Tatkräftige Unterstützung erhielten die Nassauer durch das Neuwieder Eisenbahn-Komitee, das sich nach wie vor für eine Strecke durch den preußischen Rheingau einsetzte. Auch weiter entfernt gelegene Gemeinden waren inzwischen an der Fortführung der Strecke interessiert, so dass schon bald die wildesten Linienführungen im Raum standen. Den konkretesten Vorschlag unterbreitete der aus dem bergischen Hückeswagen stammende Unternehmer Bockhaber, der eine Streckenführung über Neuwied, Siegburg, Wipperfürth, Barmen, Bochum und Steinfurt nach Rheine in Westfalen anregte. Auf einer Tagung des Barmer Eisenbahn-Komitees, an der auch Vertreter Nassaus und der Stadt Neuwied teilnahmen, wurde der Plan am 28. Mai 1863 erstmals der Öffentlichkeit präsentiert. Bereits am 15. Juni 1863 legte das Barmer Komitee der preußischen Regierung eine entsprechende Denkschrift zur Kenntnisnahme vor.

Da die Streckenführung nicht mit der linken Rheinstrecke konkurrierte, stand Preußen dem neuen Bahnprojekt sehr wohlwollend gegenüber, wenngleich man Hoffnungen auf eine schnelle Genehmigung mit dem Hinweis auf das Streckenmonopol der Rheinischen Eisenbahn von vornherein dämpfte. Lediglich die enge Kooperation mit dem Herzogtum sorgte in den hegemonial eingestellten Regierungskreisen für eine spürbare Zurückhaltung, die sich jedoch nach dem „Bruderkrieg" von 1866 und der damit verbundenen Annexion Nassaus sehr schnell legen sollte. Die Herzoglich Nassauische Staats-Eisenbahn wurde unter preußische Verwaltung gestellt und die Entscheidungsträger durch preußische Beamte ersetzt. Als Bremsklotz erwies sich allerdings die Zusage an die Rheinische Eisenbahn-Gesellschaft, bis 1875 kein anderes Bahnunternehmen mit dem Bau einer Strecke durch das Rheintal zu beauftragen. Da sich die Kölner lieber dem Anschluss des prosperierenden Ruhrgebiets widmen wollten, und ihrer „Rheinischen Kohlenbahn" von Osterath über Essen nach Wattenscheid den Vorzug gaben, war an eine schnelle Lösung nicht zu denken.

Inzwischen wurden die Forderungen der rechtsrheinischen Industrie immer lauter, einen schnellen Anschluss an das Schienennetz zu erhalten. Da eine Verständigung mit der Rheinischen Eisenbahn-Gesellschaft nicht in Sicht war, versuchte man, die Cöln-Mindener Eisenbahn-Gesellschaft für die rechte Rheinstrecke zu interessieren. Nach langen Verhandlungen stellte die ebenfalls in Köln ansässige Gesellschaft einen entsprechenden Konzessionsantrag zum Bau einer Strecke von Siegburg nach Vallendar. Da die preußische Regierung die Konzessionserteilung nicht grundsätzlich ausschließen wollte, sah sich die Rheinische Eisenbahn-Gesellschaft nun genötigt, ebenfalls entsprechende Bauabsichten zu äußern. Am 24. Dezember 1866 erhielt sie schließlich die Genehmigungsurkunde zur Verlängerung der rechten Rheinstrecke von Ehrenbreitstein nach Siegburg. Für den direkten Anschluss der rechtsrheinischen Industrie an den Bonner Raum wurde zudem der Bau eines Eisenbahntrajekts bei Oberkassel beschlossen.

Enttäuscht mussten die Vertreter des Bergischen Landes feststellen, dass sich das Bauvorhaben der Rheinischen Eisenbahn-Gesellschaft nur auf die Verlängerung der Rheintalbahn beschränkte. Die vom Barmer Komitee erarbeitete Weiterführung durch das Bergische Land wurde von der Bahngesellschaft für nicht wirtschaftlich befunden, zumal die Bergisch-Märkische Eisenbahn-Gesellschaft den Großraum Elberfeld/Barmen bereits von Düsseldorf aus erschlossen hatte. Weil auch Preußen jegliches Entgegenkommen mit dem Hinweis auf die fehlende Notwendigkeit einer weiteren Strecke über Barmen ablehnte, sahen sich die rechtsrheinischen Protagonisten sogar gezwungen, auch den Streckenverlauf zwischen dem heutigen Bonn-Beuel und Siegburg neu überdenken zu müssen: Bereits seit längerem beabsichtigte die Rheinische Eisenbahn-Gesellschaft den Bau einer Strecke von Gremberg über Opladen nach Mülheim-Speldorf im Ruhrgebiet, an der sie auch die bei Troisdorf gelegene Friedrich-Wilhelm-Hütte anschließen wollte. Da dies zu einer weitaus besseren Positionierung von Troisdorf führte, gab man letztlich die Siegburger Lösung auf und bestimmte Troisdorf zum Verknüpfungspunkt der rechten Rheintalbahn mit der Deutz-Gießener Eisenbahn.

Im Frühjahr 1868 liefen die Bauarbeiten zwischen Ehrenbreitstein und Neuwied an, so dass bereits am 27. Oktober 1869 der planmäßige Zugverkehr nach Neuwied aufgenommen werden konnte. Am 11. Juli 1870 folgte auch Oberkassel. Gleichzeitig nahm die Trajektanstalt Bonn – Oberkassel ihren Betrieb auf, so dass auch die Bonner Wirtschaft von der rechtsrheinischen Eisenbahnlinie profitierte. Unter dem Eindruck des bevorstehenden deutsch-französischen Krieges wurde schließlich die Fertigstellung des letzten Teilabschnitts mit großer Eile vorangetrieben, spielte doch die Festung Ehrenbreitstein eine nicht unwichtige strategische und logistische Rolle im Kampf gegen den westlichen Nachbarn. Im Oktober 1870 war die Strecke so weit betriebsbereit, dass die ersten Militärtransporte von und nach Ehrenbreitstein rollen konnten. Die offizielle Eröffnung des zivilen Eisenbahnverkehrs zwischen Troisdorf und Ehrenbreitstein erfolgte dagegen erst am 1. März 1871 für den Güter- und am 15. Juli des selben Jahres für den Personenverkehr.

Ausbau und Betrieb

Bis zur Eröffnung der Rheinstrecken war der Mittelrhein verkehrstechnisch kaum erschlossen, was die Ansiedlung von Manufakturen oder Industriebetrieben nahezu unmöglich machte. Größere Städte wie Mainz oder Koblenz lebten in erster Linie vom Handel, während die Gemeinden in den Winzergebieten ihr Geld mit dem Weinanbau verdienten. Erst mit Hilfe der Eisenbahn expandierten viele kleinere Unternehmen zu großen Industriebetrieben, die wiederum für einen wachsenden Güterverkehr sorgten. Auch die Winzer und Landwirte erkannten sehr schnell den Nutzen des neuen Verkehrsmittels, das ihnen nicht nur Handel mit weit entfernt gelegenen Märkten ermöglichte, sondern auch für eine vereinfachte Zufuhr von Rohstoffen sorgte.

Bereits nach wenigen Betriebsjahren musste daher über den Ausbau der beiden Rheinstrecken nachgedacht werden, zumal auch der Personenverkehr immer größere Ausmaße annahm. Begünstigt wurde der rasche Aufstieg durch eine Vielzahl von Haupt- und Nebenbahnen, die zwischen 1863 und 1912 direkt oder indirekt mit den beiden Rheinmagistralen verbunden wurden. Neben der 1879 fertig gestellten Moselstrecke, die gleichzeitig als Teil der Kanonenbahn Berlin – Metz fungierte, waren dies linksrheinisch die Strecken Mainz – Alzey, Bingerbrück – Saarbrücken, Boppard – Buchholz, Andernach – Mayen, Brohl – Kempenich, Remagen – Ahrweiler und Bonn – Euskirchen, während auf der rechten Rheinseite die Strecken Oberlahnstein – Wetzlar, Engers – Siershahn und Linz – Flammersfeld zu nennen sind. Alle Bahnen wirkten weit in die Fläche hinein und schufen dort nicht selten die Basis für eine blühende Industrielandschaft. Hinzu kam die große Bedeutung der Wirtschaftszentren Köln und Aachen, sowie des über Deutz bzw. Troisdorf erreichbaren Ruhrgebietes. Bereits Ende der 1860er-Jahre erfolgte daher der zweigleisige Ausbau der linken Rheinstrecke, während die sofort zweigleisig trassierte rechte Rheinstrecke erst 1883 folgte. Gleichzeitig wurde der nur sehr unzureichend gegen Hochwasser geschützte rechtsrheinische Streckenabschnitt zwischen Ehrenbreitstein und Erpel um bis zu 1,50 m höher gelegt und in Linz der bekannte Stadtviadukt errichtet.

Mit der Verstaatlichung der Rheinischen Eisenbahn-Gesellschaft am 1. April 1881 kam der Abschnitt nördlich Ehrenbreitstein in den Zuständigkeitsbereich der neugegründeten Königlichen Eisenbahndirection zu Cöln rechtsrheinisch, während der südliche Teil von der Eisenbahndirektion Wiesbaden verwaltet wurde. Der Abschnitt Köln – Bingerbrück der linken Rheintalbahn ging hingegen an die Königliche Eisenbahndirection zu Cöln linksrheinisch. Damit hatte der preußische Staat zwei der leistungsfähigsten deutschen Bahnstrecken unter seine Verwaltungshoheit gebracht, die er nun kontinuierlich ausbaute. Als erster Schritt wurden in den Großstädten die noch aus den Anfangstagen stammenden Stationshäuser durch repräsentative Empfangsgebäude im Kathedral-Stil ersetzt, und zentral gelegene Güterstationen zu großen Rangierbahnhöfen ausgebaut. Später erhielten auch die kleineren Gemeinden neue Bahnhofsgebäude, wenngleich sich diese dem preußischen Sparzwang folgend vergleichsweise spartanisch präsentierten.

Am 1. April 1897 übernahmen Preußen und Hessen die Hessische Ludwigs-Eisenbahn-Gesellschaft und unterstellten sie der neu gegründeten Königlich Preußischen und Großherzoglich Hessischen Eisenbahndirection Mainz, die auch die rechte Rheinstrecke südlich von Niederlahnstein übernahm. Weitere Schritte galten der Rationalisierung der Betriebsabläufe. Durch die Konzentration auf wenige Sammel- und Rangierbahnhöfe sollte eine deutlich schnellere Zugbildung erreicht werden, die allerdings eine weitgehende Trennung von Güter- und Personenverkehr bedingte. Zwischen den großen Rangierbahnhöfen Gremberg im Norden und Mainz-Bischofsheim im Süden bildete fortan der Verschiebebahnhof Oberlahnstein das Herzstück des rechtsrheinischen Güterverkehrs, während auf der linken Rheinseite Bingerbrück und Koblenz-Lützel zu großen Rangierzentren ausgebaut wurden. Aufgrund des „schnelleren“ Trassenverlaufs wurden Schnellzüge nun bevorzugt über die linke Rheinseite geleitet, so dass die rechtsrheinisch frei gewordenen Fahrplantrassen von Güterzügen belegt werden konnten. Eine wirklich verbindliche Trennung nach Zugarten und -klassen erfolgte allerdings erst Anfang der 1970er-Jahre!

Mit der wachsenden strategischen Bedeutung der Eisenbahn schaltete sich schließlich auch das Kriegsministerium in die Ausbaupläne der Rheintalstrecken ein. So entstanden zwischen 1915 und 1919 auf Drängen Berlins in Rüdesheim, Neuwied und Remagen drei weitere Rheinbrücken, die als zusätzliche Verbindungen zur Westfront gedacht waren. Der verlorene Erste Weltkrieg und die Besetzung des Rheinlandes führte den Brücken schließlich andere Aufgaben zu. Neben dem bedarfsweisen Umleiterverkehr nahmen die Brücken verstärkt Ausflugszüge auf, die sich in den 1920er-Jahren immer mehr etablierten. Städte wie Linz, Boppard oder Rüdesheim entwickelten sich rasch zu florierenden Urlaubsorten und auch der ab 15. Mai 1928 linksrheinisch verkehrende Luxuszug „Rheingold“ machte deutlich, dass sich die Deutschen von den Kriegsfolgen allmählich erholt hatten.

Da vor allem die rechte Rheinstrecke die Hauptlast des Güterverkehrs zwischen dem Ruhrgebiet und Süddeutschland/Saargebiet zu tragen hatte, setzten schon bald Überlegungen zum viergleisigen Ausbau der Strecke zwischen Troisdorf und der Kronzprinzenbrücke bei Neuwied ein. Zudem sollte die neue Trasse für Tempo 180 km/h ausgelegt werden, damit auch Schnelltriebwagen wie der Fliegende Kölner die rechte Rheinseite benutzen konnten. Für die angestrebte Höchstgeschwindigkeit hätte die Strecke allerdings aufwendig begradigt, und zwischen Königswinter und Fahr-Irrlich insgesamt sieben Tunnels gebaut werden müssen. Die veranschlagten Baukosten summierten sich auf über 119 Millionen RM, was für die arg gebeutelte Staatskasse letztlich zu viel war.

Bis zum Ausbruch des Zweiten Weltkrieges lief der Eisenbahnverkehr im Rheintal in gewohnter Weise. Erst mit dem Krieg an der Westfront kam den Rheinstrecken samt ihren Nebenbahnen wieder die frühere strategische Bedeutung zu. In Spitzenzeiten mussten täglich bis zu 70 Millitärzüge zusätzlich in den Fahrplan integriert werden. Mit Beginn der Ardennenoffensive rollten die Truppentransporte im Blockabstand den Rhein entlang, so dass sich Strecken und Bahnhöfe zu einem beliebten Ziel alliierter Jagdbomber entwickelten. Aufgrund der starken Zerstörung kam der Verkehr am 8. Januar 1945 zwischen Bonn und Bingen fast vollständig zum Erliegen. Am 7. März 1945 sprengte schließlich die Wehrmacht die Moselbrücke in Koblenz. Es folgten die Nahebrücke in Bingen sowie die Rheinbrücken in Neuwied, Koblenz und Rüdesheim. Die „Brücke von Remagen“ konnte hingegen von den amerikanischen Streitkräften als strategisch wichtige Rheinüberquerung eingenommen werden. In Folge zu hoher Belastung stürzte sie jedoch am 17. März 1945 in den Rhein.

Bereits im Mai 1945 begann der Wiederaufbau der Rheinmagistralen. Neben der Wiederherstellung der Brücken in Koblenz, Urmitz und Bingen galt dabei der Reparatur der Stellwerkstechnik die größte Aufmerksamkeit. Schon bald konnte von einer Normalisierung des Zugverkehrs gesprochen werden, wenngleich die veränderten politischen Verhältnisse für eine deutliche Zunahme des Nord-Süd-Verkehrs sorgten. Eine Verdichtung des Zugangebotes war allerdings nur mit Hilfe moderner Lokomotiven möglich, so dass Mitte der 1950er die Elektrifizierung der beiden Hauptbahnen beschlossen wurde. Am 29. Mai 1958 war die linke Rheinstrecke zwischen Mainz und Remagen durchgehend elektrisch befahrbar; am 17. November 1958 konnte auch der nördliche Abschnitt zwischen Remagen und Köln ans Netz gehen.

Während für die Elektrifizierung der linken Rheinstrecke „nur“ die Tunnels und einige Brücken der Fahrdrahthöhe angepasst werden mussten, machte das zu schmale Profil der rechtsrheinischen Tunnels den Bau von zwei Parallelröhren erforderlich. Folglich ließ die Elektrifizierung der rechten Rheinstrecke noch bis zum 1. Oktober 1961 (Wiesbaden – Oberlahnstein) bzw. 27. Mai 1962 (Gremberg – Oberlahnstein) auf sich warten. Wo immer es möglich war, wurden parallel zu den Elektrifizierungsarbeiten umfangreiche Streckenbegradigungen durchgeführt, so dass die Höchstgeschwindigkeit zwischen Köln und Koblenz stellenweise auf 160 km/h heraufgesetzt werden konnte. Dennoch gibt es auch heute noch längere „Tempo-90-Zonen“, womit beide Rheinstrecken zu den langsamsten Hauptbahnen der Deutschen Bahn AG zählen!

Aufgrund dieser Tatsache war es nur eine Frage der Zeit, bis eine neue Nord-Süd-Verbindung die alten Rheintalbahnen ablösen würde. Mit der im August 2002 eröffneten Hochgeschwindigkeitsstrecke zwischen Köln und Frankfurt/Main hat vor allem die linke Rheinstrecke deutlich an Attraktivität verloren. Wo sich einst TEE- und Lufthansa-Züge die Trasse mit ungezählten Intercities teilten, dominieren heute mehrmals stündlich verkehrende Regionalzüge die Szenerie. In Anbetracht des stark ausgedünnten Intercity-Verkehrs scheint es damit nur noch eine Frage der Zeit zu sein, bis der Gesamtverkehr auf einer Uferseite gebündelt wird. Pläne dazu gab es bereits in den 1990er-Jahren, doch verhinderte bislang der starke rechtsrheinische Güterverkehr ihre Realisierung. ■

Der Kölner Hauptbahnhof entwickelte sich schon sehr früh zu einem der wichtigsten Eisenbahnknotenpunkte in Deutschland. Die Aufnahme zeigt das stattliche Empfangsgebäude um 1920. *Foto: Sammlung Hajt*

Blick auf die Ludendorff-Brücke zwischen Remagen und Erpel, die im zweiten Weltkrieg als „Brücke von Remagen“ in die Kriegsgeschichte einging. In Folge zu hoher Belastung durch das Befahren mit Kampfpanzern stürzte sie am 17. März 1945 in den Rhein. *Foto: Sammlung Hajt*

Das Empfangsgebäude des Koblenzer Hauptbahnhofs um 1910. *Foto: Sammlung Heinrich*

Die 1863 erbaute Pfaffendorfer Rheinbrücke war die erste Direktverbindung zwischen der rechten und der linken Rheinstrecke. Ihre markanten schmiedeeisernen Bogenelemente lieferte die Gutehoffnungshütte in Oberhausen. *Foto: Sammlung Heinrich*

Mit einem aus Länderbahnwagen gebildeten Eilzug ist 23 025 Mitte der fünfziger Jahre auf der rechten Rheinstrecke unterwegs. Wenig später setzte mit der Elektrifizierung der Rückzug der Dampflokomotive im Rheintal ein. *Foto: Bellingrodt/Sammlung Heinrich*

Die Streckenführung durch das Loreley-Massiv machte auf beiden Rheinseiten den Bau kostenintensiver Tunnels und Dammaufschüttungen erforderlich. Auf der Ansichtskarte aus dem Jahr 1958 hat ein Dampfzug soeben den Loreleytunnel verlassen und fährt nun seinem nächsten Halt in Kaub entgegen. Foto: ***Sammlung Heinrich***

Mit dem FFD 102 „Rheingold“ am Zughaken dampft eine Vertreterin der bayerischen Schnellzuggattung S 3/6 im April 1938 durch Oberwesel.
Foto: Bellingrodt/Sammlung Heinrich

Von den Weinhängen unterhalb des Niederwalddenkmals bietet sich auch heute noch diese Aussicht auf Rüdesheim und die rechte Rheinstrecke. Allerdings fiel die am Horizont erkennbare Hindenburg-Brücke nach Bingen einem Sprengkommando der Wehrmacht zum Opfer.
Foto: Sammlung Heinrich

Der Wiesbadener Hauptbahnhof um 1920. Als Ausgangspunkt der rechten Rheinstrecke und Endbahnhof der Frankfurt-Wiesbadener Eisenbahn war er die bedeutendste Bahnstation im Herzogtum Nassau. ***Foto: Sammlung Heinrich***

Ansichtskarte der Mainzer Südbrücke aus dem Jahr 1913. ***Foto: Sammlung Hajt***

Oben: Im Sommer 1957 war die Elektrifizierung der linken Rheinstrecke in vollem Gang, als eine vierteilige Schienenbusgarnitur die Arbeiten bei der Einfahrt in den Bahnhof Rhens für einen Moment unterbrach.
Foto: Bellingrodt/Sammlung Hubrich

Vor der Kulisse des weithin sichtbaren Drachenfelses eilt die fabrikneue E 41 072 am 21. April 1959 mit dem P 3360 bei Rolandseck ihrem Zielbahnhof Koblenz entgegen.
Foto: Bellingrodt/Sammlung Heinrich

Links: Neben dem TEE-Verkehr bestimmten die F-Züge den hochwertigen Reiseverkehr im Rheintal. Am 5. März 1969 bildet die Marksburg den Hintergrund für den mit 112 270 bespannten F 34 „Gambrinus“, der neun Jahre später zum TEE hochgestuft wurde. *Foto: Bellingrodt/Sammlung Heinrich*

Oben: Mit dem aus Umbauwagen gebildeten N 1120 Koblenz – Wiesbaden passiert die E 41 191 im November 1961 das Rheinufer in Rüdesheim. *Foto: Bellingrodt/Sammlung Hubrich*

Die Mainzer Südbrücke verbindet die linke Rheinstrecke mit dem rechtsrheinisch gelegenen Großraum Frankfurt/Main. Am 5. Juli 1987 überquert 103 176 mit dem IC 626 das markante Bauwerk in Richtung Mainz Hauptbahnhof. *Foto: Michael Hubrich*

Die linke Rheinstrecke in Farbe

Obwohl die linke Rheinstrecke (KBS 470 und 471) durch die im August 2002 eröffnete Hochgeschwindigkeitsstrecke Köln – Montabaur – Frankfurt/Main ihre Bedeutung als wichtigste Nord-Süd-Achse zwischen dem Rhein-/Ruhrgebiet und Süddeutschland weitgehend verloren hat, zählt sie noch immer zu den interessantesten Eisenbahnrouten Deutschlands. Unzählige Burgen, Kirchen und mittelalterliche Wehrtürme säumen den 185 Kilometer langen Fahrweg zwischen Mainz und Köln, der sich größtenteils in Sichtweite des Rheins durch das enge Flusstal schlängelt.

Auch wenn sich mit dem TEE Rheingold und dem Lufthansa Airport Express die letzten stilechten Luxuszüge bereits 1983 bzw. 1993 aus dem Rheintal verabschiedet haben, gehören die letzten zwanzig Jahre zu den betrieblich reizvollsten der Streckenchronik. Neben den Triebfahrzeugen jüngeren Datums beherrschten noch ältere Lokomotivtypen wie die Baureihen 103, 110, 140 oder 141 das Betriebsgeschehen, so dass dem fotografierenden Eisenbahnfreund höchste Abwechslung garantiert war. Inzwischen dominiert die Baureihe 101 den Fernverkehr, während der Nahverkehr fest in der Hand der Baureihe 143 ist. Außerdem kommen im nördlichen Streckenabschnitt die Baureihen 145, 146 und 425 zum Einsatz. Ungeachtet dieser betrieblichen Uniformität sorgt die Schönheit der Landschaft und das vorhandene Zugangebot weiterhin für eine vielfältige Motivauswahl, zumal betriebliche Besonderheiten wie der Einsatz historischer Lokomotiven oder ausländischer Zuggarnituren auf der linken Rheinstrecke eine lange Tradition haben.

Wir beginnen unsere Reise durch die betriebliche Vielfalt der letzten zwanzig Jahre in der rheinland-pfälzischen Landeshauptstadt Mainz, wo die von Frankfurt/Main kommende KBS 471 über die Südbrücke das linksrheinische Ufer erreicht. In der Gutenberg-Stadt besteht zudem eine Verbindung zur rechten Rheinstrecke (KBS 465 und 466), die wir nach unserer Ankunft in Köln flussaufwärts bis Wiesbaden bereisen werden. Bei unserer Fotofahrt entlang des linken Rheinufers beschränken wir uns dabei auf die historische Relation von Mainz nach Köln, auch wenn die linke Rheinstrecke in den Kursbüchern der Deutschen Bahn inzwischen im rechtsrheinischen Frankfurt/Main endet. ■

111 110-3

Links: Vor der Kulisse des imposanten Reiterstellwerks in Bingerbrück befördert 111 110 am 15. Oktober 1989 den FD 1903 durch den einst bedeutenden Rangierbahnhof. Hinter der Zuglok läuft die schadhaft gewordene 110 214 mit. *Foto: Michael Hubrich*

Oben: Als der mit 120 123 bespannte IC 826 am 10. Juli 1994 die Burg Rheinstein nördlich von Bingen passiert, ist diese Baureihe die modernste Lokomotive der DB. Wegen technischer Schwierigkeiten stehen die Maschinen inzwischen kurz vor der Ausmusterung. *Foto: Jörg Hajt*

Oben: Mittlerweile Geschichte sind die Planeinsätze der Baureihe 103, die den hochwertigen Zugverkehr im Rheintal mehr als drei Jahrzehnte dominierte. Am 11. Oktober 1996 ist 103 243 mit dem EC 5 unterhalb der Burg Reichenstein bei Trechtingshausen unterwegs. *Foto: Jörg Hajt*

Rechts: Auf seinem Laufweg von Interlaken nach Amsterdam eilt der EC 104 „Berner Oberland“ am 9. Juli 1997 bei Niederheimbach durch die malerische Rheinlandschaft. Die Eurocities stellen seit Einstellung des TEE-Verkehrs die hochwertigsten Zugleistungen zwischen Mainz und Köln dar. *Foto: Berthold Vatteroth*

Leichtes Spiel hat 111 056 mit dem aus nur fünf IC-Wagen bestehenden abendlichen Verstärkungszug nach Köln. Die Aufnahme entstand am 11. Mai 1998 zwischen Niederheimbach und Trechtingshausen.
Foto: Berthold Vatteroth

Auch dampfbespannte Sonderzüge lassen sich auf der linken Rheinstrecke gelegentlich beobachten. Am 18. April 2003 verlässt die Oberhausener 78 468 auf ihrer Fahrt von Duisburg nach Karlsruhe mit über zwei Stunden Verspätung den Bahnhof Bacharach. *Foto: Benedikt Vatteroth*

HOTEL HERBRECHT
Bacharach
DB
143 009-9
H

Links: Am 26. Juni 2003 wartet 143 009 mit der RB 22783 in Bacharach auf die Weiterfahrt. Die über dem Ort gelegene Burgruine Stahleck dient seit einigen Jahren als überregional bekannte Jugendherberge. *Foto: Jörg Hajt*

Oben: Eines der bekanntesten Fotomotive der linken Rheinstrecke ist die historische Häuserzeile in Bacharach. Am 15. September 1995 fährt 140 221 mit einem Güterzug nach Mannheim an den romantischen Fachwerkbauten vorbei. *Foto: Jörg Hajt*

Bis zur Eröffnung der Neubaustrecke Köln – Frankfurt/Main zählten die ICE-Triebzüge im Rheintal zum gewohnten Bild. Am 21. Juni 1998 rollt ICE 724 in gemächlicher Fahrt durch Bacharach. Der Torso des Wehrturms diente der Bahn übrigens bis in die 1930er Jahre hinein als Schrankenposten.
Foto: Jörg Hajt

Österreichische Fernschnellzüge haben am Rhein eine lange Tradition. Am Morgen des 11. August 1983 zieht 110 214 den FD 223 Dortmund – Wien durch das noch verschlafene Bacharach.
Foto: Michael Hubrich

Die zahlreichen in Oberwesel erhalten gebliebenen mittelalterlichen Wehranlagen brachten der Gemeinde den Beinamen „Stadt der Türme“ ein. Mit dem IR 2217 „Höllental“ passiert 111 105 am 3. Oktober 1995 den sogenannten „Roten Turm“ am südlichen Ortsausgang. *Foto: Jörg Hajt*

DB
103 207-7

Links: Blick von der Stadtmauer in Oberwesel auf den am 15. Oktober 1994 mit 103 207 bespannten EC 19 „Andreas Hofer“ Dortmund – Innsbruck. *Foto: Jörg Hajt*

Oben: Zwischen „Ochsenturm“ und „Katzenturm“ hindurch verläuft die linke Rheinstrecke in Oberwesel. Am 4. Juni 1983 befördert hier 110 319 den N 7521 durch das historische Stadtgebiet. *Foto: Michael Hubrich*

Links: Von den Weinbergen hoch über Oberwesel bietet sich diese Aussicht auf das idyllische Rheintal. Die Stille wird nur kurz von dem dahin brausenden IC 724 „Berchtesgadener Land" gestört (Aufnahme vom 24. Oktober 1995). *Foto: Jörg Hajt*

Rechts: Die Baureihe 101 bildet heute das Rückgrat des hochwertigen Reisezugverkehrs der DB. Vor dem mittelalterlichen Stadtbild von Oberwesel eilt 101 085 mit dem EC 114 „Blauer Enzian" am 26. Juni 2003 ihrem nächsten Halt in Koblenz entgegen. *Foto: Jörg Hajt*

DB
101 085-9
130
8

1116 016-5

Links: Seit dem Frühjahr 2003 verkehrt das EC-Zugpaar 23/24 auf seinem gesamten Laufweg mit ÖBB-Lokomotiven der Baureihe 1116 („Taurus"). Die Aufnahme zeigt 1116 016 am 17. Juli 2003 vor dem EC 23 „Johann Strauß" in Oberwesel. *Foto: Jörg Hajt*

Oben: Mit dem EC 105 „Berner Oberland" am Zughaken verlässt 101 032 am 25. Juni 2002 den 236 m langen Bett-Tunnel zwischen St. Goar und Oberwesel. *Foto: Jörg Hajt*

Oben: Aus einem brach liegenden Weinhang oberhalb des Banktunnels heraus entstand am 17. Mai 1986 diese Aufnahme von 103 122 vor dem EC 9 „Tiziano“. Die Formsignale sind inzwischen längst modernen Lichtsignalen gewichen. *Foto: Michael Hubrich*

Rechts: Noch im klassischen grünen Farbkleid präsentiert sich die 141 070 am 14. April 1984 vor dem E 3543 Koblenz – Mainz bei der Ausfahrt aus dem 367 m langen Bank-Tunnel. *Foto: Berthold Vatteroth*

141 070-3

Eine wohlverdiente Zeitungspause gönnt sich dieser Streckenarbeiter, als sich die 103 117 am 11. August 1983 mit ihrem IC 626 „Walhalla“ dem Bahnhof St. Goar nähert.
Foto: Michael Hubrich

Der 1982 eingeführte Lufthansa Airport Express war neben dem Rheingold der exklusivste Zug am linken Rheinufer. Trotz seiner Einstufung als TEE durfte er nur mit gültigen Flugtickets benutzt werden (Aufnahme am 14. Mai 1992 unterhalb der Burg Rheinstein). *Foto: Berthold Vatteroth*

DB
103 208-5

Links: Am 17. Juni 1989 braust 103 208 mit dem IC 520 „Herrenhausen" (München – Hannover/Braunschweig) durch die Hinterhöfe von St. Goar. Noch beherrschen die eleganten Schnellfahrlokomotiven den hochwertigen Reisezugverkehr. *Foto: Berthold Vatteroth*

Oben: Auf seiner Reiseroute von Hamburg-Altona nach Stuttgart passiert der mit der Werbelokomotive 101 055 bespannte IC 2403 am 26. Juni 2003 den Yachthafen von St. Goar. *Foto: Jörg Hajt*

Oben: Der seit Mai 1982 nur noch zwischen Amsterdam und Basel SBB verkehrende TEE „Rheingold“ war der letzte internationale TEE im Rheintal. Am 14. April 1984 führt ihn 103 134 durch St. Goar. *Foto: Michael Hubrich*

Rechts: Vor der Kulisse der weithin sichtbaren Burg Rheinstein ist ein Triebzug der Baureihe 403 am 12. September 1987 als Lufthansa Airport Express LH 1005 auf dem Weg von Düsseldorf nach Frankfurt/Main. *Foto: Berthold Vatteroth*

Lufthansa Airport Express
DB

Oben: Wie die meisten mechanischen Betriebsstellen fiel auch das Fahrdienstleiterstellwerk in Werlau dem Abbruchbagger zum Opfer (Aufnahme vom 4. Juni 1983). *Foto: Michael Hubrich*

Rechts: Am 14. April 1983 fährt 110 480 mit ihrem aus Silberlingen gebildeten Eilzug Koblenz – Mainz durch Boppard. Das linke Gleis gehört zur Hunsrückbahn Boppard – Emmelshausen.
Foto: Michael Hubrich

DB
110 480 1

TRANS EUROP EXPRESS
TEE

Der Alpen-See-Express Dt 13110 Innsbruck – Dortmund durchfährt am Abend des 22. August 1987 den Bahnhof Boppard. Nur ein Jahr später schieden die eleganten TEE-Triebzüge aus dem aktiven Dienst aus. *Foto: Berthold Vatteroth*

Links: Ein seit Jahrzehnten bewährtes Fotomotiv ist der Blick auf die Marksburg zwischen Spay und Rhens. Am 26. April 1988 befördert hier 103 102 ihren IC 533 in Richtung Koblenz. *Foto: Michael Hubrich*

Oben: Ein barockes Fachwerkhaus bildet am 25. Mai 1997 in Rhens den Hintergrund für den mit 103 151 bespannten EC 115 „Blauer Enzian“ von Dortmund nach Klagenfurt. *Foto: Berthold Vatteroth*

Oben: Vor der Pfarrkirche von Spay legt sich am 3. August 1991 die 120 101 mit ihrem IC 615 „Drachenfels“ in die Kurve. Inzwischen ist der freie Blick auf das Gotteshaus durch Lärmschutzwände verstellt. *Foto: Michael Hubrich*

Rechts: Schloss Stolzenfels bei Koblenz wurde nach den Vorstellungen des Romantikers und Preußenkönigs Friedrich Wilhelm IV. im 19. Jahrhundert errichtet. Am 17. Juli 2003 ist hier 181 211 mit dem IC 351 unterhalb des markanten Bauwerks unterwegs. *Foto: Jörg Hajt*

Im ersten Morgenlicht des 4. Juli 1987 überquert eine Lokomotive der Baureihe 140 mit einem Güterzug die Mosel in Koblenz. Obwohl es auch auf der linken Rheinstrecke planmäßigen Güterverkehr gibt, laufen die meisten Cargoleistungen rechtsrheinisch.
Foto: Michael Hubrich

Als dreiteiliger Triebzug rollt am 30. April 1993 der Lufthansa Airport Express LH 1005 über die Moselbrücke in Koblenz. Im Hintergrund ist die Festung Ehrenbreitstein zu erkennen.
Foto: Jörg Hajt

Wegen umfangreicher Bauarbeiten im Raum Brohl wurden die Reisezüge zwischen Köln und Koblenz im Sommer 1997 rechtsrheinisch umgeleitet. Über die Kronprinzenbrücke wechselten sie in Urmitz wieder auf die linke Flussseite (Aufnahme vom 9. August 1997). ***Foto: Berthold Vatteroth***

Links: Abendstimmung an der Lichtsignalbrücke in Mülheim-Kärlich. Am rechten Bildrand befindet sich der Kühlturm und die Schaltstation des dortigen RWE-Kernkraftwerks. *Foto: Michael Hubrich*

Oben: Am Fuße des Kranenbergs verläuft die Bahntrasse durch Andernach in einem weiten Bogen. Am 26. April 1988 passiert 110 246 mit dem Fernschnellzug FD 722 die bekannte Stiftskirche des Rheinstädtchens. *Foto: Michael Hubrich*

Mit dem IC 2026 Passau – Hamburg-Altona eilt 101 055 am 13. Juli 2003 durch Brohl. Bis 2004 soll die mitten durch den Ortskern führende Bahntrasse hinter einer Lärmschutzwand verschwunden sein.
Foto: Jörg Hajt

Die Apollinaris-Kirche in Remagen zählt zu den beeindruckendsten Sakralbauten im Rheintal. Am 5. Juni 1996 strebt hier der IC 508 „Rheinfels“ seinem nächsten Halt in Bonn Hauptbahnhof entgegen.
Foto: Jörg Hajt

V 200 033
DEUTSCHE BUNDESBAHN

Beim Anblick dieser eleganten Zuggarnitur fühlt sich der Betrachter in die Wirtschaftswunderzeit zurück versetzt: Historischer F-Zug anlässlich eines Bahnhofsfestes in Bonn Hauptbahnhof am 22. Oktober 1989. *Foto: Jörg Hajt*

Oben: Am Abend des 13. Juli 2002 wartet 120 128 in Bonn Hauptbahnhof auf den Abfahrauftrag. Nach dem Regierungsumzug ist vom einst hektischen Treiben in der Beethoven-Stadt nur noch wenig zu spüren. *Foto: Jörg Hajt*

Rechts: Als 110 247 mit dem Nachtzug D 1124 „Dolomiten-Express“ am 10. Juli 1996 den Bahnhof Köln West durchfährt, sind es bis zum Endpunkt der linken Rheinstrecke nur noch vier Kilometer Fahrstrecke. *Foto: Jörg Hajt*

DB
110 247-4
A
A

Oben: Der letzte Halt in Köln Hauptbahnhof liegt erst wenige Minuten zurück, als die Oberhausener Museumslok 41 360 den Gesellschaftssonderzug DZ 25587 kraftvoll über das Überführungsbauwerk in Köln-Gereon beschleunigt (Aufnahme vom 1. Mai 1989). *Foto: Berthold Vatteroth*

Rechts: Der Kölner Hauptbahnhof bildet den Endpunkt der linken Rheinstrecke. Am 15. November 1990 legt der Lufthansa Airport Express LH 1002 einen kurzen Zwischenstopp „auf Flughöhe null" ein. *Foto: Jörg Hajt*

ahrt 11 25
Gleis
3
SSELDORF FLUGH
D
DB

Die vom Kölner Dom überragte Hohenzollernbrücke ist die nördlichste Verbindung zwischen der rechten und der linken Rheinstrecke. Die Aufnahme zeigt den seit 2002 planmäßig in Köln-Deutz endenden Hochgeschwindigkeitszug „Thalys“ am 31. August 2002 bei der Rückfahrt nach Paris Nord. *Foto: Jörg Hajt*

Kapitel 3

Die rechte Rheinstrecke in Farbe

Ausgangspunkt unserer 190 Kilometer langen Reise zwischen Köln und Wiesbaden ist der Bahnhof Köln-Deutz, der durch die inzwischen sechsgleisig ausgebaute Hohenzollernbrücke mit dem Kölner Hauptbahnhof und der linken Rheinstrecke verbunden ist. Historisch betrachtet gehört der Streckenteil zwischen Köln-Deutz und Troisdorf eigentlich zur früheren Deutz-Gießener Eisenbahn, wenngleich ein Großteil der hier verkehrenden Züge die Route entlang des Rheins benutzt. Betriebsmittelpunkt des nördlichen Streckenabschnitts ist der Rangierbahnhof Köln-Gremberg, der als Zugbildungs- und Sammelbahnhof für nahezu alle den Großraum Köln berührende Güterzüge dient. Über die Kölner Südbrücke besteht zudem ein direkter Anschluss an den linksrheinisch gelegenen Rangierbahnhof Köln-Eifeltor, der ebenfalls als Zugbildungs- und Zugtrennungsbahnhof für die rechte Rheinstrecke fungiert. Im südlichen Betriebsbereich übernimmt diese Aufgabe der Rangierbahnhof Mainz-Bischofsheim.

Während linksheinisch der hochwertige Reisezugverkehr dominiert, wird der Betriebsalltag auf der rechten Rheinseite von einem überdurchschnittlich starken Güterverkehr bestimmt. Personenverkehr findet seit einigen Jahren nur noch als Regionalverkehr statt, nachdem bis in die 1990er-Jahre hinein auch D-Züge am rechten Rheinufer hielten. Für den Charterverkehr und einige Nacht- und Autoreisezüge dient die rechte Rheintalbahn zudem als Durchgangsstrecke. Als betrieblich wichtigste Güterzugverbindung zwischen dem Rhein-/Ruhrgebiet, Süddeutschland und dem Saarland, kommt ihr darüber hinaus auch international eine große Bedeutung zu, so dass hier nahezu täglich Frachtzüge von und nach Holland, Belgien, Frankreich, Luxemburg, Österreich, der Schweiz und Italien beobachtet werden können. Dabei werden seit Ende der 1990er-Jahre zahlreiche Züge mit Privatbahnlokomotiven bespannt, die für eine spürbare Belebung des im Vergleich zur linken Rheinstrecke eher monotonen Triebfahrzeugalltags der letzten zwanzig Jahre sorgen. Während früher die Baureihen 140, 150 und 151 den Betriebsmaschinendienst bestimmten, sind es heute die Lokomotiven der sogenannten „Taurus-Familie“, die neben den optisch konservativeren Neubaulokomotiven der Baureihen 152 und 185 das Rückgrat des Güterzugdienstes im Rheintal bilden. ■

Oben: Die 1910 erbaute Kölner Südbrücke stellt eine wichtige Rheinüberquerung zwischen den Rangierbahnhöfen Köln-Gremberg (rechtsrheinisch) und Köln-Eifeltor (linksrheinisch) dar. Darüber hinaus dient sie auch der bedarfsweisen Umleitung von Reisezügen. *Foto: Jörg Hajt*

Rechts: Vor der Kulisse des Drachenfelses befördert die ehemalige TEE-Lokomotive 110 486 am 10. August 1997 den SE 6343 Krefeld – Koblenz durch Rhöndorf. *Foto: Berthold Vatteroth*

DB
110 486-8

Seit Ende der 1990er-Jahre sind auch Lokomotiven privater Bahngesellschaften planmäßig im Rheintal anzutreffen. Am 29. Juli 2002 befördert die ES 64 U2-101 der Hupac einen Containerzug durch Bad Honnef.
Foto: Jörg Hajt

Die Brückenköpfe der im zweiten Weltkrieg zerstörten Ludendorff-Brücke zwischen Erpel und Remagen bilden die Kulisse für die am 13. Juli 2003 im Touristikverkehr eingesetzte 110 280.
Foto: Jörg Hajt

R4C
185-CL 007
111
2

Links: Inzwischen alltäglich sind die Chemiezüge der Essener Rail4Chem, die sämtliche Zugleistungen mit eigenen Lokomotiven erbringt. Die Aufnahme zeigt 185 CL-007 mit einem extrem kurzen Kesselwagenzug zwischen Erpel und Linz. *Foto: Jörg Hajt*

Oben: Oberhalb von Kasbach bietet sich diese Aussicht auf die rechte Rheinstrecke und das Rheintal. Am Morgen des 29. Juni 2003 befördert hier 140 216 einen leeren Erzzug in Richtung Süddeutschland. *Foto: Jörg Hajt*

Der landschaftlich reizvollste Abschnitt der Steilstrecke Linz – Kalenborn befindet sich geographisch noch im Rheintal. Die Aufnahme zeigt den sonntäglich im Stundentakt verkehrenden 798 629 auf dem Kasbacher Viadukt. ***Foto: Johannes Hajt***

Der unterhalb der Burg Ockenfels gelegene Bahnhof Linz ist die Heimatdienststelle der im Charterverkehr eingesetzten Reisezugwagen der EifelBahn GmbH. Am 8. August 2003 rangiert hier 323 351 einen Zugverband in die Abstellgruppe. *Foto: Jörg Hajt*

Eine lange Tradition haben auf der rechten Rheinstrecke die zur Weinlese verkehrenden Gesellschaftssonderzüge. Am 19. Oktober 1997 befördert der Haltinger ET 25 015 eine Gruppe trinkfreudiger Fahrgäste von Neuwied nach Münster (Aufnahme bei Kasbach).
Foto: Berthold Vatteroth

In Linz verläuft die Trasse auf dem sogenannten Stadtviadukt, der ein niveaufreies Kreuzen der viel befahrenen Strecke ermöglicht. Als der FD 1920 „Bayerischer Wald" am 1. Mai 1992 das Bauwerk befährt, herrscht auf der Uferpromenade reger Ausflugsverkehr. *Foto: Jörg Hajt*

Schnappschuss an der Uferpromenade: RE 3421 Köln – Koblenz am 27. September 1997 in Linz. *Foto: Berthold Vatteroth*

Oben: Der wöchentlich verkehrende Gesellschaftssonderzug DFR 84236 Rheine – Hetzerath wird seit Anfang 2003 planmäßig mit der Krefelder Museumslokomotive 194 158 bespannt. Auf seinem Weg an die Mosel fährt er am 27. Juni 2003 durch Dattenberg. *Foto: Jörg Hajt*

Rechts: Der Venice-Simplon-Orient-Express ist zweifellos der luxuriöseste Zug auf europäischen Gleisen. Am 6. Juni 1996 führt ihn die DB-Museumslokomotive 118 003 bei Hammerstein durch das Rheintal. *Foto: Berthold Vatteroth*

140 496-1

Links: Mit einem gemischten Güterzug nach Mannheim Rangierbahnhof rollt 140 496 am 21. Juni 1989 durch Pfaffendorf. Am oberen Bildrand ist die hoch aufragende Festung Ehrenbreitstein zu erkennen. *Foto: Michael Hubrich*

Oben: Hafenidylle an der Lahnmündung. Am 17. Juli 2002 überquert 140 640 mit einem Containerzug die Lahnbrücke in Oberlahnstein. Über den Wohnhäusern „thront" links weithin sichtbar Schloss Stolzenfels. *Foto: Jörg Hajt*

Oben: Die Marksburg in Braubach ist die einzige unzerstörte Höhenburg am Mittelrhein. Am Abend des 17. Juli 2003 passiert 152 147 mit einem Güterzug nach Köln-Gremberg das aus Burganlage und Pfarrkirche bestehende mittelalterliche Ensemble. *Foto: Jörg Hajt*

Rechts: Wegen eines Dammrutsches bei Boppard wurden im Frühjahr 2002 zahlreiche linksrheinisch verkehrende Reisezüge über die rechte Rheinschiene geleitet. Am 3. April 2002 fährt 101 115 mit dem EC 3 bei Braubach an den frühlingshaften Weinhängen vorüber. *Foto: Jörg Hajt*

AGFA
Agfa
www.agfa.com
AGFA
www.agfa.com
DB
101 115-4

Ein beliebtes Ausflugsziel für Pilger und Erholungssuchende ist der Wallfahrtsort Kamp-Bornhofen, der früher von zahlreichen Sonderzügen frequentiert wurde. Heute reicht die Kapazität einer planmäßigen Regionalbahn aus. ***Foto: Jörg Hajt***

Gegenüber Bad Salzig stehen sich die im Volksmund „feindliche Brüder“ genannten Burgruinen Liebenstein und Sterrenberg gegenüber. Am 1. Juni 2001 befördert hier eine 155 ihren Güterzug in Richtung Norden. ***Foto: Jörg Hajt***

DB
182 012-5

Die Lokomotiven der Taurus-Familie (DB-Baureihe 182) zählen zu den formschönsten Triebfahrzeugen der europäischen Bahnen. Am 3. April 2002 zieht 182 012 den Cargozug IRC 43102 unterhalb der Burg Maus durch die blühende Frühlingslandschaft.
Foto: Jörg Hajt

DB

Links: Auf seinem Laufweg von Koblenz nach Wiesbaden kommt der N 6127 am 15. Oktober 1994 bei Wellmich an dieser imposanten Felswand vorbei. *Foto: Jörg Hajt*

Oben: In St. Goarshausen wird das Stadtbild von der Burg Katz bestimmt. Am 17. Juli 2003 ist die Mehrsystemlokomotive 185 034 mit einen Güterzug nach Mainz-Bischofsheim unterhalb der markanten Festungsanlage unterwegs. *Foto: Jörg Hajt*

Oben: Während die Camper ihre Ferien im Schatten der Loreley bereits genießen können, müssen sich die Fahrgäste des Autoreisezuges D 13103 bis zu ihrer Ankunft in Livorno noch etliche Stunden gedulden (Aufnahme am 26. Juni 1996 in St. Goarshausen). *Foto: Jörg Hajt*

Rechts: Luxus auf der rechten Rheinseite: In Sichtweite zur sagenumwobenen Loreley folgt der Venice-Simplon-Orient-Express am 6. Juni 1996 den Windungen des Flusstals. Der Wagen hinter der DB-Museumslok 118 003 entstammt dem Fuhrpark des historischen Rheingolds. *Foto: Berthold Vatteroth*

RHEINGOLD
118 003-3

Links: Rheinblick mit den Orten St. Goarshausen und St. Goar: Als sich die 150 121 mit ihrem Güterzug am 21. Juni 1994 auf dem Weg nach Mannheim befindet, gehören die betagten Maschinen im Rheintal noch zum gewohnten Bild. *Foto: Jörg Hajt*

Rechts: Am 7. April 1996 hat 140 204 mit ihrem Cargozug soeben den Loreley-Tunnel bei St. Goarshausen verlassen und fährt nun mit Höchstgeschwindigkeit dem Bestimmungsbahnhof Rüsselsheim entgegen. *Foto: Jörg Hajt*

An blühenden Obstbäumen vorbei führt die Fahrt von 151 148 am 27. April 1996 zwischen St. Goarshausen und Kaub. Besonders interessant sind die hinter der Lok transportierten teilzerlegten Mähdrescher.
Foto: Jörg Hajt

Noch weitgehend im Ursprungszustand befindet sich das Südportal des 378 m langen Rossstein-Tunnels, den die SBB-Lok 482 000 am 6. Juni 2003 mit dem Güterzug DFG 46605 nach Basel SBB verlässt.
Foto: Jörg Hajt

Die Firma Hupac betreibt einen grenzüberschreitenden Güterverkehr zwischen Deutschland, Benelux und der Schweiz. Am 4. April 2002 befördert die silberfarbene ES 64 U2-901 einen nur schwach ausgelasteten Wechselladungszug durch Kaub. *Foto: Berthold Vatteroth*

Relikte einer längst vergangenen Eisenbahnepoche passiert die 140 390 mit ihrem Containerzug am 17. Juli 2002 bei der Einfahrt in den Bahnhof Kaub. ***Foto: Jörg Hajt***

Oben: Zu den herausragenden Bauwerken am Mittelrhein gehört die mitten im Strom errichtete Pfalz bei Kaub, die jährlich Tausende von Besuchern in das beschauliche Städtchen lockt. ***Foto: Jörg Hajt***

Rechts: Am Morgen des 3. April 2003 braust 140 020 mit ihrem Güterzug in Sichtweite der Pfalz durch das bereits Sonnen geflutete Rheintal. ***Foto: Jörg Hajt***

DB
140 020-9

Oben: Seltener Gast am rechten Rhein: Im Rahmen des Umleiterverkehrs rauscht der ICE 829 „Johannes Gutenberg“ am 3. April 2002 an dem aufgelassenen Posten 113 zwischen Kaub und Lorchhausen vorbei. *Foto: Jörg Hajt*

Rechts: Leichtes Spiel hat 182 022 am 4. April 2002 mit dem aus nur sechs Wagen bestehenden IRC 51515 von Köln-Gremberg nach Nürnberg Rangierbahnhof. Der Ort am gegenüber liegenden Rheinufer ist die „Stadt der Türme“ Oberwesel. *Foto: Berthold Vatteroth*

DB
182 022-4

Für etwas Abwechslung im grauen Betriebsalltag sorgt am 24. Oktober 1995 der Turmtriebwagen 701 143 in Lorchhausen. Bis zu seinem Fahrziel Mainz-Bischofsheim wird er noch rund 40 km zurücklegen.
Foto: Jörg Hajt

Sichtbar ungepflegt präsentiert sich die Seelzer 140 693 am 29. März 2002 bei der Durchfahrt in Lorchhausen. Sicherlich keine gute Werbung für ein Unternehmen, dass sich gegen hochglanzpolierte Lastwagen behaupten muss! ***Foto: Jörg Hajt***

Oben: Nur wenig Mühe hat 151 086 mit ihrem kurzen Güterzug nach Linz, als sie am 15. Oktober 1994 den herbstlich umrahmten Bahnhof Lorch verlässt. ***Foto: Jörg Hajt***

Rechts: Seit 1995 kommen die sechsachsigen Lokomotiven der Baureihe 155 planmäßig vor Güterzügen im Rheintal zum Einsatz. Am 24. Oktober 1995 passiert 155 125 mit einer Cargoleistung nach Mannheim die Pfarrkirche von Lorch. ***Foto: Jörg Hajt***

155 125-8
WEINGUT
Wilhelm Mohr Erben

Foto Drogerie
KAISER

Links: Wie in vielen anderen Gemeinden am Mittelrhein verläuft auch in Assmannshausen die Bahntrasse mitten durch den Ortskern. Am 6. April 2002 rollt 152 117 mit einem gemischten Cargozug durch den überregional bekannten Weinort.
Foto: Berthold Vatteroth

Rechts: Auf dem Weg nach Süden fährt die verkehrsrote 151 065 am 6. Juni 2003 mit ihrem Güterzug an der Burgruine Ehrenfels zwischen Assmannshausen und Rüdesheim vorbei.
Foto: Jörg Hajt

In Rüdesheim führt die rechte Rheinstrecke unmittelbar am Flussufer entlang. Am 26. Juni 2002 befördert hier die 152 101 einen Cargozug von Köln-Eifeltor nach Nürnberg Rangierbahnhof.
Foto: Jörg Hajt

Frisch hauptuntersucht begegnet uns 155 071 mit einem Güterzug nach Mannheim am 13. September 1995 bei der Durchfahrt in Rüdesheim. Noch herrscht auf den Straßen des weltbekannten Touristikortes gähnende Leere. ***Foto: Johannes Hajt***

Oben: Mit vereinten Kräften ziehen zwei Lokomotiven der Baureihe 140 am Morgen des 6. Juni 2003 einen schweren Ganzzug durch die „Drosselgassen-Stadt". Bei der Landmarke oberhalb der Altstadt handelt es sich um das beliebte Niederwalddenkmal. *Foto: Jörg Hajt*

Rechts: In Wiesbaden Hauptbahnhof beenden wir unsere Reise durch das Rheintal. Am 2. Mai 1995 wartet hier 110 211 vor dem nur kurze Zeit verkehrenden IC „Wiesbaden City" auf die Rückfahrt nach Mainz. *Foto: Berthold Vatteroth*

DB
110 211-0
2
Frankfurter Allgemeine
HBF

Quellenverzeichnis

Fuchs: Eisenbahnprojekte und Eisenbahnbau am Mittelrhein 1836-1903, in Nassauische Annalen, Band 67/1956

Gottwald/Bündgen: Der Rheingold-Express, Stuttgart 1977

Hajt: Eisenbahnen im mittleren Ruhrgebiet, Nordhorn 1994

Höpfner: Eisenbahnen – Ihre Geschichte am Niederrhein, Duisburg 1986

Kandler: Die rechte Rheinstrecke, Fürstenfeldbruck 1992

Kandler: Die linke Rheinstrecke, Fürstenfeldbruck 1993

Möllers: Die Entwicklung der Eisenbahn im rheinisch-westfälischen Industriegebiet,Bühl 1989

Stöters: Rheinische Eisenbahn, Bühl 1988

Der Autor

Jörg Hajt, geboren 1965 in Wattenscheid, ist dort als selbstständiger Verlags- und Werbefotograf tätig. Durch zahlreiche einschlägige Veröffentlichungen ist er einem breiten Publikum bekannt.